CATALOGUE
DE
TABLEAUX
ANCIENS

Formant la Collection de M. Victor Doat
Conseiller général du département du Tarn

DONT LA VENTE AURA LIEU

HOTEL DROUOT, SALLE N° 9,
Le Samedi 26 Mai 1883, à deux heures et demie

COMMISSAIRE-PRISEUR

M° PAUL CHEVALLIER, Succ' de M° CH. PILLET
10, rue de la Grange-Batelière

EXPERTS

M. CH. GEORGE | M. E. FÉRAL
12, rue Laffitte. | 54, Faubourg-Montmartre.

Chez lesquels se trouve le présent Catalogue.

EXPOSITION PUBLIQUE, le Vendredi 25 Mai 1883,
De 1 heure à 5 heures.

CONDITIONS DE LA VENTE

La vente sera faite au comptant.

Les acquéreurs payeront cinq pour cent en sus des enchères.

Paris. — Typ. PILLET et DUMOULIN, 5, rue des Grands-Augustins.

Les trente-huit tableaux, qui forment la collection de M. Victor Doat, sont très connus des amateurs du midi de la France et des touristes. M. Charles Blanc en parle dans son Histoire de la Vie des Peintres.

Nous espérons que les habitués de l'hôtel Drouot feront, à cette petite réunion de tableaux, le bon accueil qu'elle mérite.

DÉSIGNATION

TABLEAUX ANCIENS

BOILLY (Léopold)

1 — LE BILLET.

Une jeune femme, vêtue d'une robe de satin blanc, tient une lettre dont elle lit le contenu ; près d'elle, une table couverte d'un tapis vert où se trouve un panier, une glace, un collier de perles, etc., une cage est suspendue au plafond.

Bois. H. 0.26. L. 0.24.

BOURDON (Sébastien)

2 — LE CHRIST DESCENDU DE LA CROIX.

Provient de la collection de la Princesse de Craon.

Toile. H. 0.75. L. 0.58.

BREENBERGH (Barthélemy)

3 — PAYSAGE AVEC MONUMENTS EN RUINE.

Au centre, une fontaine; sur les côtés des bâtiments en ruine couverts d'arbustes; au premier plan, deux femmes causent, auprès, des colonnes renversées, des bas-reliefs et des statues brisées.

Beau tableau de l'artiste, d'une parfaite conservation.

Bois. H. 0.45. L. 0.67.

CREPIN

4 — PAYSAGE. — SOLEIL COUCHANT.

A gauche, des rochers; sur le devant, un berger conduisant deux vaches et des moutons.

Toile collée sur bois. H. 0.22. L. 0.28.

DEKKER (Corneille)
ET
OSTADE (Adrien)

5 — ENTRÉE DE VILLAGE.

Devant une maison hollandaise ombragée par de grands arbres, trois femmes dont l'une tient dans ses bras un enfant achètent du lait à des villageois montés dans un bateau; un jeune garçon portant un cruchon plein de lait fuit vers la gauche.

Charmant petit tableau animé par de jolies figures d'Adrien Ostade.

Bois. H. 0.42. L. 0.32.

FRAGONARD (Honoré)

6 — PAYSAGE ET ANIMAUX

Au centre, un monticule au-dessus duquel s'élève un arbre au tronc noueux dont le feuillage se détache sur un ciel bleu avec légers nuages. Un petit villageois sur un rocher garde un troupeau de vaches et de moutons.

Fin et beau tableau du maître.

Toile. H. 0.36. L. 0.45.

FRAGONARD (Honoré)

7 — L'APPROCHE DE L'ORAGE

A droite, un bouquet d'arbres au sommet d'un monticule couvert de gazon; une femme et une petite fille regardent un villageois occupé à ramasser du bois mort qu'il va placer sur une brouette.

A l'horizon, des collines. Ciel lumineux. Au centre, de gros nuages chassés vers la droite font présager un orage. Fin et beau tableau du maître.

Toile. H. 0.36. L. 0.44.

FRANCK FLORIS

8 — LE MARIAGE MYSTIQUE DE SAINTE CATHERINE.

Provient de la collection du cardinal de Bernis, archevêque d'Albi.

Cuivre. H. 0.21. L. 0.17.

GIORDANO (Lucas)

9 — BACCHUS.

Figure en buste, de grandeur naturelle.

Toile. H. 0.64. L. 0.50.

HEEM (Corneille de)

10 — LE DÉJEUNER MAIGRE.

Des huîtres dans un plat, une grenade, du raisin blanc

un citron entamé, un vase en vermeil, le tout posé sur une table en partie couverte d'un tapis vert.

Bois. H. 0.44. L. 0.34.

HEEMSKERK

11 — LA VIELLEUSE.

Assise dans un cabaret, elle tient sa vielle sur ses genoux et chante; un paysan debout, près d'elle, l'air recueilli, paraît l'écouter; au second plan, trois personnages jouent aux cartes.

Bois. H. 0.25. L. 0.20.

HEUSCH (Guill. de)

12 — VUE D'ITALIE.

A gauche, deux villageois dont l'un est monté sur un mulet; au premier plan, des herbes et des broussailles au bord d'un cours d'eau; à droite, un groupe d'arbres sur des rochers; au second plan, un pont à l'extrémité duquel est une maison avec tourelle.

Dans le fond, paysage accidenté, collines à l'horizon.

Bois. H. 0.46. L. 0.60.

HOOGE (Pierre de)

13 — LA JEUNE MÈRE.

Elle est assise dans un fauteuil en velours grenat près du berceau de son enfant; la tête couverte d'un fichu en mousseline, vêtue d'une robe en satin blanc avec caraco en soie jaune bordé d'hermine. Sur la gauche, une cheminée; à droite, une porte ouverte donnant sur une pièce voisine.

Bon tableau du maître.

Toile. H. 0.57. L. 0.46.

LACROIX

14 — PAYSAGE. — MARINE.

Effet de clair de lune.

Bois. H. 0.20. L. 0.32.

LAHIRE (Laurent de)

15 — MOÏSE SAUVÉ DES EAUX.

La fille de Pharaon est assise sur la gauche; une de ses suivantes lui présente l'enfant, qu'elle tient dans ses bras.

Toile. H. 0.53. L. 0.69.

LOUTERBOURG (Ph.-J.)

16 — L'AGNEAU CHÉRI.

Gracieuse composition, très connue par la gravure.

Toile. H. 0.25. L. 0.31.

MABUSE

17 — ENFANT MANGEANT DES CERISES.

Les cheveux blonds frisés, il est assis sur un coussin de velours vert; au-dessus, des rideaux à franges d'or.

Bois. H. 0.36. L. 0.27.

MAGNASCO

18 — PAYSAGE. — MARINE. — EFFET D'ORAGE.

Au premier plan, un enfant et un homme fuient vers la droite, chassés par la bourrasque.

Au fond, des constructions sur une colline éclairées par un vif rayon de soleil.

Provient de la collection Posteries.

Toile. H. 0. 0. L. 0.80.

MIEL (Jean)

19 — LA PAYE DES VENDANGEURS.

Ils sont groupés au centre du tableau; un homme, coiffé d'un chapeau à large bord, compte les pièces de monnaie; à gauche, deux femmes causent avec un villageois qui se baisse pour prendre un panier de raisins; à droite, le seigneur assis vêtu de noir.

Bon tableau de l'artiste.

Toile. H. 0.49. L. 0.65.

MOUCHERON (Frédéric)

20 — PAYSAGE ACCIDENTÉ.

Des cavaliers, partant pour la chasse, accompagnés de leurs chiens et des valets portant des faucons, suivent un chemin sinueux qui longe un cours d'eau; à gauche, un bouquet d'arbres, dont le feuillage se détache sur un ciel chaud et vaporeux; vers le fond, des rochers.

Toile. H. 0.60. L. 0.82.

NEER (Attribué à A. Van Der)

21 — RIVIÈRE HOLLANDAISE.

Effet de clair de lune.

Bois. H. 0.15. L. 0.21.

PATEL

22 — MOÏSE SAUVÉ DES EAUX.

Toile. H. 0.60. L. 0.60.

ROMEYN (Van)

23 — ANIMAUX AU REPOS.

Des vaches, un âne, des chèvres et des moutons paissent ou se reposent au bord d'une rivière, sous la garde de deux bergers ; au second plan, un village, au-dessus de grands rochers. A l'horizon, des montagnes.

Bon tableau de l'artiste, d'une parfaite conservation.
Provient de la collection de M. de Saint-Raymond.

Toile. H. 0.40. L. 0.50.

SAFTLEVEN (Herman)

24 — PAYSAGE COUPÉ PAR UNE RIVIÈRE.

Au premier plan, des villageois se disposent à monter dans un bateau ; plus loin, des baigneurs ; au centre, une tour auprès d'un pont en ruine.

Provient de la collection de M. de Puységur, ancien pair de France.

Bois. H. 0.20. L. 0.30.

SALVATOR ROSA

25 — LA CONVERSION DE SAINT PAUL.

Dans un paysage agreste, le saint, renversé de sa monture, est secouru par ses soldats. Les yeux fixés vers le ciel, il voit avec effroi Dieu lui apparaître entouré d'anges. A droite, s'élèvent des rochers et quelques arbres dont les troncs sont brisés.

Toile. H. 0.80. L. 1.03.

SCHOEVAERDTS

26 — PORT DE MER.

De nombreux personnages circulent sur les quais, les uns portant des ballots ou chargeant des bateaux. A gauche, un fort à l'angle duquel est une tourelle.

Bois. H. 0.26. L. 0.40.

STRY (J. Van)

27 — PAYSAGE. — SOLEIL COUCHANT.

Sur la gauche, des vaches couchées au bord d'une rivière ; à droite, un monticule où se trouvent quelques moutons et un berger causant avec une bergère.

Très bon tableau de l'artiste, digne de Cuyp.

Bois. H. 0.36. L. 0.48.

TENIERS (école de D.)

28. — PAYSAGE AVEC VILLAGEOIS.

Bois. H. 0.10. L. 0.12.

VELDE (genre d'ADRIEN VAN DE)

29. — ANIMAUX DANS UN PAYSAGE.

Une vache, des ânes et un mouton se reposent dans un paysage sous la garde de deux bergers assis à l'ombre d'un buisson. Effet de soleil couchant.

Cette reproduction d'une composition de Vanden Velde est attribuée à Ommeganck.

Toile ovale. H. 0.32. L. 0.40.

VERNET (JOSEPH)

30. — UNE PARTIE DE PLAISIR.

Une joyeuse compagnie est réunie au bord de la mer, ayant terminé un repas sur l'herbe; une jeune femme chante en s'accompagnant de la guitare.

Dans le fond, la mer et des rochers couverts d'arbustes.

Gracieux et spirituel tableau de l'artiste.

Toile. H. 0.40. L. 0.30.

WATTEAU (d'après)

31 — L'INDIFFÉRENT.

Bois. H. 0.30. L. 0.20.

WOUWERMAN (Pierre)

32 — HALTE DE CHASSEURS.

Les chevaux sont groupés au centre tenus par des valets; l'un des chasseurs coiffé d'un chapeau à plumes donne des ordres pour le transport du gibier.

Provient de la collection de M. X., ancien député de la Haute-Garonne.

Toile. H. 0.43. L. 0.60.

WYNANTS (genre de J.)

33 — PAYSAGE.

Au centre, un arbre au tronc noueux et aux branches brisées; au second plan, des maisons au pied d'une colline; sur le devant, un cavalier, couvert d'un manteau rouge, demande son chemin à un villageois assis au bord de la route.

Bois. H. 0.23. L. 0.30.

ECOLE FRANÇAISE

34 — JEUNE GARÇON PRENANT DES FRUITS
DANS UN PARC.

Charmant petit tableau peint sur bois.

H. 0.24; L. 0.18.

ECOLE FRANÇAISE

35 — LA SAINTE FAMILLE.

La Vierge tient l'Enfant Jésus dans ses bras et saint Joseph lui présente des cerises dans une corbeille.

Toile. H. 0.56. L. 0.70.

ECOLE FRANÇAISE

36 — PORTRAIT D'UNE DAME DE LA COUR
DE LOUIS XIV.

Assise dans un fauteuil, vue jusqu'aux genoux, les cheveux châtains bouclés; robe blanche décolletée avec manteau bleu, elle tient le portrait de son mari qu'elle entoure de fleurs.

Fond avec rideau jaune et fenêtre donnant sur la campagne.

Charmant petit portrait, d'une remarquable finesse d'exécution.

Cuivre. H. 0.19. L. 0.15.

ECOLE FRANÇAISE

37 — HALTE DE CHASSEURS.

Ils sont assis au pied d'une colline boisée, l'un d'eux vêtu d'un habit gris porte la plaque et la croix de Saint-Louis, il a ôté son chapeau et caresse un chien; à droite, un second personnage en vêtement rouge. Vu de profil etlisant, un troisième, au second plan, dessine. A gauche, des valets prennent des provisions dans un panier.

Provient de la collection du bailli de Breteuil.

Toile. H. 0.36. L. 0.45.

CHARLET

38 — LA SORTIE DE L'ÉCOLE.

Importante aquarelle, signée.

H. 0.23. L. 0.29.

TABLEAUX
ANCIENS ET MODERNES
Dépendant de la Collection de M. X...

ALBANE (d'après l')

39 — LES QUATRE ÉLÉMENTS.

Ces gracieuses compositions, d'après l'Albane ont été attribuées à P. Mignard.

Toile forme ronde. Diam. 1.35.

ALLOT (R.)

40 — DÉPART POUR LA PROMENADE.

AMBROS (A.)

41 — LE CHIEN BIEN DRESSÉ.

Bois.

ASHE (signé)

42 — ROCHERS AU BORD DE LA PLAGE.

Toile. H. 0,51. L. 0,75.

BECK (David)

43 — PORTRAIT DE CHRÉTIEN IV, ROI DE DANEMARK.

Vu en pied, dans un intérieur.

Toile. H. 0.90. L. 0.67.

BENSA (Chev. A. de)

44 — MARIE-ANTOINETTE QUITTANT LE CHATEAU IMPÉRIAL, A VIENNE.

Fin petit tableau, avec nombreuses figures.
Bois.

CALAME (A.)

45 — ROCHERS AUX ENVIRONS DE GENÈVE.

Étude, signée.

CANON (signé)

46 — INTÉRIEUR DE CUISINE.

Toile.

CIGNANI

47 — LA VIERGE ET L'ENFANT JÉSUS.

Cuivre.

DOYEN (Gabriel-François)

48 — LE RHIN.

Personnifié par un robuste vieillard étendu sur un rocher et tenant une urne. Deux amours se jouent dans un arbre au milieu de guirlandes de fleurs et d'attributs guerriers.

Belle peinture en grisaille.

Toile. H. 0.89. L. 072.

LE RHONE.

Composition analogue à la précédente et lui servant de pendant.

FRAGONARD (Honoré)

49 — JEUNE FILLE ENDORMIE.

Cadre en bois sculpté.

GAUL

50 — PORTRAIT DE JEUNE FEMME.

Signé.

GOOL (Jean Van)

51 — VACHES DANS LA PRAIRIE.

Bois. H. 0.37. L. 0.49.

GOURDON

52 — PAYSAGE.

HAAG (J.)

53 — TÊTE DE CHIEN.

HEEM (C. DE)

54 — FRUITS.

Corbeille de raisins, pêches et citrons, nid avec les œufs, souris grignottant un épis de maïs; le tout placé sur une table.

Toile. H. 0.75. L. 0.62

HELLEMONT (Mathieu Van)

55 — UNE KERMESSE.

Une immense table est dressée devant un grand bâtiment de ferme; la société est joyeuse. On rit, on boit, on mange. Des groupes se forment de tous côtés. Des gens de qualité arrivent à la fête. Les ménétriers accordent leurs instruments. Au premier plan, à droite, un cuisinier surveille les marmites et donne des ordres à une servante. Au fond, une ville avec des clochers.

« Le chef-d'œuvre de l'artiste »
« W. Burger. »

Toile. H. 1.36. L. 1.95.

JACQUE (Charles)

56 — MOUTONS.

Sur la lisière d'un bois, une bergère garde son troupeau.
Signé à gauche.

Toile. H. 0.81. L. 0.65.

LAFON (François)

57 — ENFANTS DE PÊCHEURS, AU BORD DE LA MER.

Signé.

MAHLKNEKT

58 — CHASSE AUX CHAMOIS, DANS LE TYROL

MANZONI (P.)

59 — TROUPEAU DE VACHES TRAVERSANT UN CHAMP.

Bois. H. 0.39. L. 0.53.

MOORMANS

60 — JEUNE FEMME DANS UN INTÉRIEUR FLAMAND ÉCLAIRÉ PAR LE SOLEIL.
Bois.

MURILLO (Attribué à Esteban)

61 — L'ASSOMPTION DE LA VIERGE.
Esquisse.
Cadre en bois sculpté.

MURILLO (Attribué à Esteban)

62 — LA VIERGE ET L'ENFANT JÉSUS.
Toile. H. 0.83. L. 0.61.

PALAMÈDES

63 — CHOC DE CAVALERIE.
Cadre en bois sculpté.
Bois. H. 0.55. L. 0.88.

POEL (Egbert Van der)

64 — INCENDIE D'UNE VILLE HOLLANDAISE.

Signé et daté 1662.
Provenant de la galerie du directeur Engerth.

POLLAK (Guillaume)

65 — LE POSTILLON.

Bois.

POUSSIN (Guaspre)

66 — TOBIE ET L'ANGE.

Toile. H. 0.74. L. 1.04.

QUERFURT

67 — HALTE DE CAVALIERS A LA FONTAINE.

Bois. H. 0.26. L. 0.38.

RUBENS (d'après)

68 — LE JARDIN D'AMOURS.

Bois. H. 0.72. L. 1.08.

RUYSDAEL (SALOMON)

69 — PAYSAGE AVEC RUINES.
Au premier plan, des bergers et leurs troupeaux.

Bois. H. 0.40. L. 0.27.

SESTO (Attribué à CESAR DA)

70 — LA VIERGE ET L'ENFANT JÉSUS.
L'Enfant, dans les bras de sa mère lui présente un lys. Fond de paysage borné de montagnes.

Bois. H. 0.61. L. 0.47.

SHULLY

71 — PROMENADE AU BOIS.

SIDOROWICZ

72 — AU BOIS.

Signé.

TENIERS (David)

73 — SAINT JÉROME DANS LE DESERT.

Cuivre.

VENNE (A. Van de)

74 — ALLÉGORIE SUR LE MARIAGE D'UNE REINE D'ANGLETERRE.

Grand panneau, signé et daté.

VOS (Simon de)

75 — PORTRAIT D'UNE DAME HOLLANDAISE.

Vue de grandeur naturelle jusqu'aux genoux et richement vêtue.

Cadre en bois sculpté.

www.ingramcontent.com/pod-product-compliance
Lightning Source LLC
Chambersburg PA
CBHW050037230526
45470CB00003B/1317